LES

INCENDIAIRES

PAR

EUG. VERMERSCH.

LONDRES,

Imprimerie de la Société coopérative, 59, Greek-street, Soho, Londres.

1872.

LES

INCENDIAIRES.

—

I.

Paris flambe à travers la nuit farouche et noire.
Le ciel est plein de sang, on brûle de l'Histoire.
Théâtres et couvents, hôtels, châteaux, palais
Qui virent les Fleurys après les Triboulets,
Se débattent parmi les tourbillons de flammes
Qui flottent sur Paris comme les oriflammes
D'un peuple qui se venge au moment de mourir.
Le feu de pourpre et d'or monte comme un soupir
Vers les appartements secrets des Tuileries,
Lèche les plafonds peints et les chambres fleuries,
Et dévorant, au fond des boudoirs étoilés,
Les meubles précieux, les coffrets ciselés,
Les laques, les tableaux et les blanches statues
Dont l'orgueil virginal enfle les gorges nues,
Il montre dans la nuit au monde épouvanté
Comment tombe Paris drapé dans sa fierté. [bres,
Ce lourd entassement qu'étayaient des faits som-

Le Louvre aussi flamboie et s'écroule en décombres
Avec ses murs de marbre et ses portes d'airain.
L'antre où rôdait encor l'ombre de Mazarin
Et qui frémit le jour qu'à la voix de Camille
Le Peuple décréta qu'on prendrait la Bastille,
Le palais de Philippe-Egalité n'est plus.
Ces pans de mur noircis, ces débris inconnus,
Ces pierres sur le sol, ce furent les Finances.
Ce léger édifice où dans le bruit des danses,
Des coupes, des baisers, des amoureux serments
Le traître Salm vendait la France aux Allemands
Et que plus tard sacra le souffle de Corinne,
La Légion d'Honneur n'est plus qu'une ruine.
Le Palais-de-Justice, et l'hôtel de Piétri,
Et la Conciergerie où Damiens meurtri,
Robespierre, Vergniaud et ceux de la Rochelle
Apparaissaient, autour de la Sainte Chapelle
Ainsi que trois flambeaux surhumains et sacrés
Brûlent ensemble aux yeux des tueurs effarés.
Cette torche, là-bas, jaunâtre et violette, [lette
Qui tremble au vent, c'étaient les docks de la Vil
Ici près, c'est la Cour des Comptes qui se tord
Dans un embrâsement farouche qui la mord
Et qui broie, en courant, ses piliers, ses toitures
Et sa bibliothèque où des larves impures
Dormaient sur les dossiers du monde impérial ;
Et plus loin l'ouragan vengeur de Prairial
A sur les Gobelins déchaîné la tempête :
La soie en fleur le long des métiers toute prête
Fond en frisant ainsi que des cheveux d'enfant
L'incendie est partout, immense, triomphant ;
Il danse sur le toit et rampe dans la cave ;

Le plomb en nappes coule ainsi que de la lave
Et sur les pavés noirs s'étale en flots d'argent.
Mais tout à coup un feu gigantesque émergeant
Du milieu de la Ville effrayante, domine
La grandiose horreur du canon, de la mine
Eclatant en faisant sauter tout un quartier,
Et du mur qui chancelle et s'abat tout entier
Avec le grondement prolongé du tonnerre,
Les voix, les pleurs, le bruit des pas, les cris de
Et l'on voit s'élancer vers les astres surpris [guerre,
La grande âme de la cité qui fut Paris :
La flamme impitoyable étreint l'Hôtel-de-Ville !
O souvenirs ! Histoire héroïque ou servile !
O Maison-aux-Piliers ! Grand Etienne Marcel !
Conseil des Seize ! Ligue ! O silence cruel
Qui bâillonna Paris durant deux cents années !
Commune où pour flétrir les têtes couronnées,
Pareille au bruit du vent déchaîné sur la mer,
La fougue de Danton couvrait la voix d'Hébert !
Balcon qui vit la France outragée ou vendue
Par trois fois acclamer la liberté rendue !
Jadis Quatre-vingt-neuf avec ses rubans verts,
Un beau soir de juillet, pour le vieil univers
Y monta, proclamant ton verbe, ô République !
C'est de là que plus tard la Populace épique
Vit sur l'horizon plein de rires et de voix
Le passé qui fuyait dans le fiacre des rois !
C'est là qu'elle brisa la chaîne impériale !
C'est là qu'elle affirma la force communale !,..
O dévoûments ! fiertés ! gloires ! écroulements !
O sang du Peuple ! Os des aïeux ! Siècles dor-
Paris est mort ! Et sa conscience abîmée [mants !

A tout jamais s'évanouit dans la fumée !,..
Eh bien ! quand l'incendie horrible triomphait,
Une voix dans mon cœur criait : Ils ont bien fait !

II.

Pourtant je suis l'ami des roses
Et je baise leurs lèvres closes
A travers les pleurs du matin ;
Je suis bien connu des abeilles
Qui suivent sur les fleurs vermeilles
Les grands papillons de satin.

Vers le retour des hirondelles
Tous mes rêves battent des ailes
Et planent dans l'azur des cieux :
Ils voyagent, légion blanche,
Dans les clartés que l'aube épanche,
Et dans l'oubli délicieux.

Vienne juillet, il faut que j'aille
Dans les bois où rôde la caille,
Dans les parfums, dans les chansons ;
Je ne retrouve plus ma route
Et pour seul guide alors j'écoute
L'oiseau caché dans les buissons.

Perdu dans le ravin paisible,
J'éprouve un bonheur indicible
A ne plus savoir où je suis ;
L'odeur sauvage des bruyères
Me ravit, et dans les clairières
J'ai dormi pendant bien des nuits.

Rien dans mon âme ne murmure
Contre les ronces où la mûre
Saigne, ou contre l'orgueil des lys ;
Je pardonne leurs bavardages
Aux pétulants merles sauvages
Dans les feuilles ensevelis.

Je passe aux roses leurs toilettes,
Et l'améthyste aux violettes,
Et la topaze aux vers luisants,
Aux faisans d'or leur luxe étrange,
Aux loriots la soie orange
Dont s'enflamment leurs cous charmants.

Je n'éclate pas en reproches
Si la source qui dans les roches
Roule un babil perpétuel
Tout comme les yeux de la femme
Où jadis se plongea mon âme
Reflète la splendeur du ciel.

Les beaux soirs d'automne, aux vesprées,
Quand je vois les grappes pourprées
Qu'un rayon de lune poursuit,
Je pardonne aux grives gourmandes
Qui parlent comme des flamandes
Un jour de kermesse, à minuit.

Je voile mon âme sereine
Quand brillent des yeux où la haine
Et le crime sont triomphants,
Et mes illusions perdues

Apaisent leurs lèvres émues
Sur le front chaste des enfants.

Bien souvent des oiseaux de proie
En poussant de grands cris de joie
Du bec ont déchiré mon cœur,
Mais j'ai purifié mon âme
Avec la douceur d'une femme
Et l'humilité d'un pécheur.

J'ai cherché malgré la tourmente
Le dahlia bleu, la fleur qui chante,
Loin des jaloux, loin des méchants ;
J'ai voulu me faire une vie
Pure comme une symphonie,
Blanche comme les ramiers blancs.

J'aspire pendant la bataille,
Tandis que siffle la mitraille,
A la paix douce, à l'aube, au jour,
Sans ambition plus farouche
Que de pouvoir baiser la bouche
Où naîtront les propos d'amour.

J'abhorre la guerre, et je rêve
Aux siècles lointains où le glaive
Aura la forme d'une faulx ;
Où la gloire n'aura de palmes
Que pour les héros forts et calmes
Faisant des biens avec nos maux ;

Et j'appelle l'heure azurée
Où les hommes, troupe sacrée,

Avec le lait, avec le miel,
Revêtus de tuniques blanches,
Iront célébrer sous les branches,
L'apaisement universel.

III.

Nos vainqueurs disaient : Faisons taire
La clameur de ces mécontents !
Pour être heureux purgeons la terre
De ces coquins, de ces brigands ?
Vit-on jamais peuple semblable ?
Ça pleure, hurle et fait le diable
Parce qu'il crève un peu de faim ?
Il se regimbe ! Il nous reproche
De nous empiffrer de brioche
Quand il n'a même pas de pain ?

“ Ces propos sont intolérables !
Mâtons ces révoltés amers !
Entre nous et ces misérables
Mettons l'immensité des mers !
Leur voix quelquefois nous réveille
Et monte dans l'aube vermeille,
Chassant nos songes effarés !
Pontons, perdez-vous dans la brume !
Allez ! et noyez dans l'écume
Le cri de ces désespérés !

“ Nous voulons qu'on nous débarrasse
De la tourbe de ces jaloux :
Il faut détruire cette race

Qui voudrait vivre comme nous !
Coupons ces mains, cousons ces bouches,
Proscrivons ces hommes farouches
Qui même au moment de mourir
Rêvent encor d'âpres revanches,
Et laissons aux mouettes blanches
Le soin de les ensevelir !

“ N'ont-ils pas mis dans leurs cervelles
Qu'ils avaient droit comme nos fils
Aux fruits pourprés, aux fleurs nouvelles,
Et n'ont-ils pas dans leurs défis
Proclamé le travail auguste,
L'agiot vil, la rente injuste ?
Voulaient-ils pas, ces abrutis,
Dans leurs étonnantes doctrines
Que nous durcissions nos mains fines
Sur le manche de leurs outils ?

“ Allons donc ! Allons ! pas de grâce !
Dieu sur qui nous nous appuyons
Fait suivre le riche qui passe
Par les parfums et les rayons !
Dieu l'a voulu ! Sa créature,
Demain poussière et pourriture,
Ne peut qu'adorer ses décrets !
Et nous nous devons à nous-mêmes
D'étouffer les hardis blasphèmes
Que poussent leurs vœux indiscrets !”

“ Nous sommes les élus, les maîtres
Nous sommes les prédestinés !

Et Dieu nous soumit tous les êtres,
Même avant que nous fussions nés !
A nous les hommes et les choses !
Le ciel doré ! l'odeur des roses !
Le bois où folâtrent les vents !
L'ingénu regard plein de flammes
Et le léger baiser des femmes
Dans la tendresse du printemps !

“ Nous nous trouvons bien où nous sommes :
Charette a de jeunes niais
Qui fusilleront cent mille hommes
Pour nous donner l'ordre et la paix.
Chantez, clairons ! sonnez, cymbales !
Vive la logique des balles !
Rien ne convainc mieux un mutin !
Appelons les soldats du pape,
Et faisons sortir d'une trappe
Tous les mouchards de Valentin !

“ Surtout n'épargnez pas les femmes ;
Ne faites pas grâce aux enfants :
Il est parfois de grandes âmes
Dans des poitrines de douze ans !
Sans peur qu'un bourgeois se récrie,
Vous pouvez faire une tûrie
Comme Bonaparte en rêva !
Broyez ces bandes scélérates !...
S'il survit quelques démocrates
Il nous reste Nouka-Hiva ! ”

IV.

O Révolution ! nous t'avions oubliée,
Tu nous en punis justement !
Pour le peuple vaincu, pour la France liée
Au char du vainqueur allemand,
Pour la cervelle humaine écrasée et fumante
Sur le mur noir de Transnonain,
Pour Avril et pour Juin, pour les morts que tour-
L'oubli sous le ciel africain, [mente
Pour les réactions et pour les hécatombes,
Pour nos droits à mort condamnés,
Pour Décembre dansant des rondes sur les tom-
De nos frères assassinés, [bes
Pour Blidah, pour Cayenne et l'horreur indicible
Des funèbres prisons dans l'eau,
Nous devions à ces gueux la justice impassible,
La guillotine et le bourreau !...
O Révolution ! j'ai vu ta face austère
Où l'indignation flambait !
Tu criais : " Allons donc ! frappez du pied la terre !
" Faites-en sortir le gibet !
" La guerre est éternelle entre vous et ces drôles,
" Ne l'avez-vous assez appris ?
" Non, il ne suffit pas de marquer leurs épaules !
" Pas de bagne et plus de mépris,
" La mort !... quand le forçat s'évade et recom-
" La pitié n'est plus de saison ! [mence !
" Demandez au passé ce que vaut la clémence !
" O peuple, écoute la raison !
" Va dans le cimetière où sont couchés tes pères
" Avec leur balle dans le cœur,

« Laisse dans leur fureur parler ces voix sévères
« Et donne à ces morts un vengeur ! »...
Mais la sensiblerie a perdu cette race,
Tout pour ce siècle est innocent !
Nul ne s'est souvenu que « tu veux qu'on t'em-
Avec des bras rouges de sang ! » [brasse
On sauva les bandits, on prêcha l'indulgence,
On dit aux gueux effarouchés
Qui se faisant petits se tenaient cois d'urgence :
« Nous oublions vos vieux péchés !
« Mon Dieu ! rassurez-vous, chers brigands que
[vous êtes !
« Vous n'êtes plus que des vaincus !
« Nous ne vous prendrons pas un cheveu de vos
« Une obole de vos écus ! » [têtes,
Et qui fut dit fut fait : Les meurtriers, les traî-
Et les voleurs de grand chemin [tres
Respirèrent : bourgeois, rentiers, nobles et prêtres
Clignèrent l'œil d'un air malin.
Aujourd'hui ces gredins, du sang jusqu'aux che-
Rient d'un rire stupide et lourd, [villes,
Et dans le vin joyeux et les baisers des filles
Se moquent de leurs peurs d'un jour ;
Aujourd'hui dans Paris, sous les pavés des rues,
Ils foulent nos morts à leurs pieds ;
Les pères mitraillés, les mères disparues,
Dans leurs berceaux de sang souillés
Les orphelins, levant leurs mains, demandent
A ces assassins triomphants !... [grâce
Ce que pour l'avenir contiennent de menace
Les mains de ces petits enfants,
Ce que plus tard diront avec leurs bouches vertes

Les cadavres ensanglantés,
Le mot d'ordre sorti des fosses entr'ouvertes,
Le sombre appel des transportés,
Non ! ô triomphateurs d'abattoir, non, infâmes,
Non, vous ne vous en doutez pas !
Un jour viendra bientôt où les enfants, les femmes,
Les mains frêles, les petits bras,
S'armeront de nouveau sans peur des fusillades
Et sans respect pour vos canons !
Les faibles sans pâlir iront aux barricades ;
Les petits seront nos clairons ;
Sur un front de bataille épouvantable et large
L'émeute se relèvera ;
Et sortant des pavés pour nous sonner la charge
Le spectre de Mai parlera...
Il ne s'agira plus alors, gueux hypocrites,
De fusiller obscurément
Quelques mouchards abjects, quelques obscurs [jésuites,
Canonisés subitement ;
Il ne s'agira plus de brûler trois bicoques
Pour défendre tout un quartier ;
Plus d'hésitations louches ! plus d'équivoques !
Bourgeois, tu mourras tout entier !
La conciliation, lâche, tu l'as tuée !
Tes cris ne te sauveront pas !
Tu vomiras ton âme au crime habituée
En invoquant Thiers et Judas !
Nous t'apportions la paix et tu voulus la guerre,
Eh bien ! nous l'aimons mieux ainsi !
Cette insurrection, ce sera la dernière ;
Nous fonderons notre ordre aussi !
Non, rien ne restera de ces coquins célèbres,

Leur monde s'évanouira,
Et toi, dont l'œil nous suit à travers nos ténèbres,
Nous t'évoquerons, ô Marat !
Toi seul avais raison : pour que le peuple touche
A ce port qui s'enfuit toujours,
Il nous faut au grand jour la justice farouche
Sans haines comme sans amours,
Dont l'effrayante voix plus haut que la tempête
Parle dans sa sérénité,
Et dont la main tranquille au ciel lève la tête
De Prudhomme décapité !

Bruxelles, août. — *Londres, septembre* 1871.

www.ingramcontent.com/pod-product-compliance
Lightning Source LLC
LaVergne TN
LVHW012022170826
845678LV00004BA/1595

* 9 7 8 2 3 2 9 6 3 1 7 5 2 *